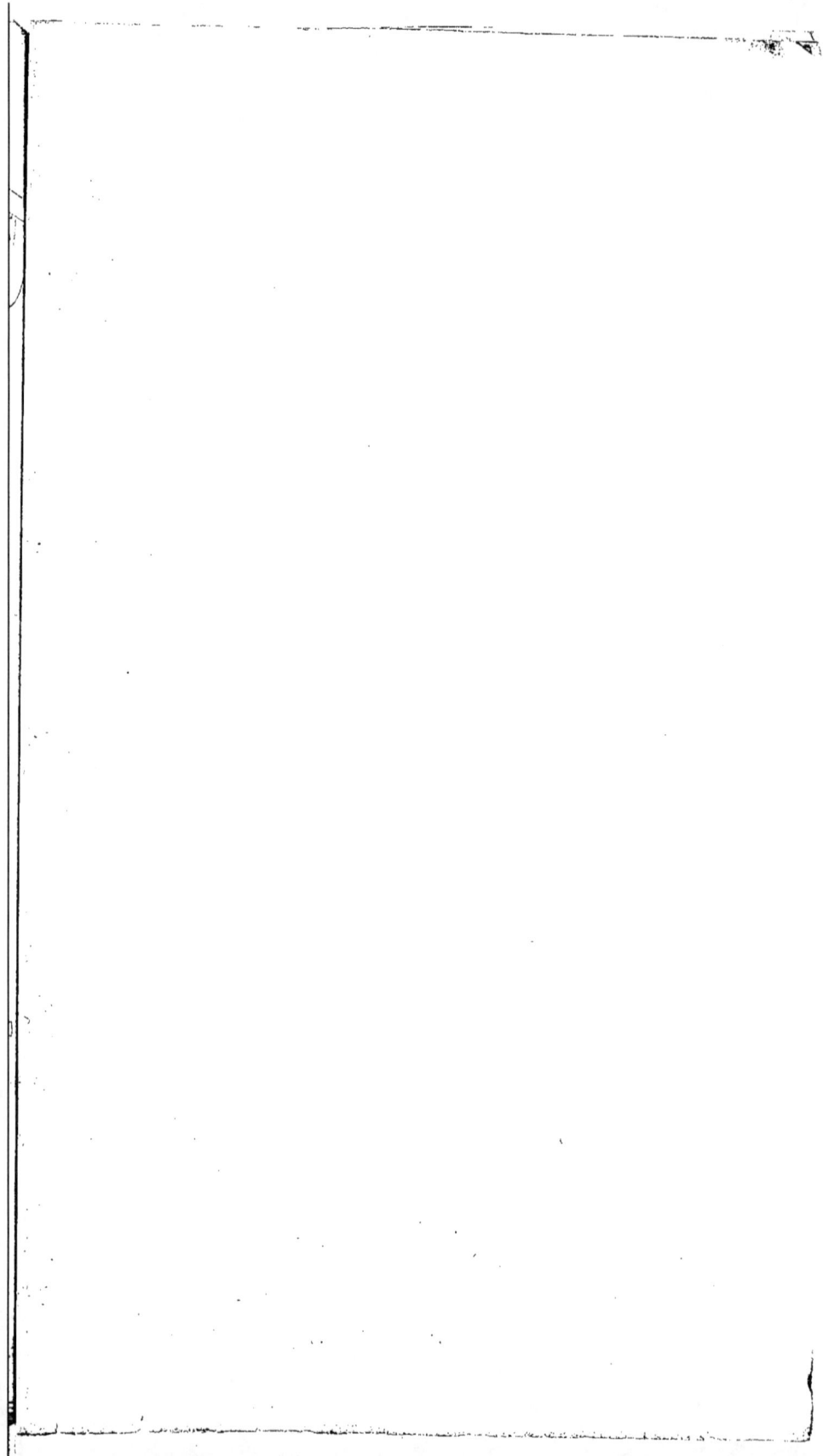

LETTRES INÉDITES

DE JEAN DEVILLERS, D'ÉPERNAY

Chirurgien-Major de l'Armée française au siège de Philippsbourg (1734)

AVEC UNE INTRODUCTION

PAR M. ARMAND BOURGEOIS

Membre correspondant de l'Académie Nationale de Reims

REIMS

IMPRIMERIE DE L'ACADÉMIE (NESTOR MONCE, DIR.)

24, rue Pluche, 24

—

1898

LETTRES INÉDITES

de JEAN DEVILLERS, d'Épernay

LETTRES INÉDITES

DE JEAN DEVILLERS, D'ÉPERNAY

Chirurgien-Major de l'Armée française au siège de Philippsbourg (1734)

AVEC UNE INTRODUCTION

PAR M. ARMAND BOURGEOIS

Membre correspondant de l'Académie Nationale de Reims

REIMS

IMPRIMERIE DE L'ACADÉMIE (NESTOR MONCE, DIR.)

24, rue Pluche, 24

--

1898

Extrait du tome CI
de l'Académie Nationale de Reims.
(Tiré 100 exemplaires à part.)

A

MONSIEUR LE DUC DE BROGLIE

DE L'ACADÉMIE FRANÇAISE

RESPECTUEUX HOMMAGE

A. B.

LETTRES INÉDITES DE JEAN DEVILLERS

D'ÉPERNAY

Chirurgien-major de l'armée française au siège de Philippsbourg (1734)

Communication faite à l'Académie nationale de Reims,
par M. Armand Bourgeois, Membre correspondant.

INTRODUCTION.

I.

La guerre pour la succession de Pologne (1733-1735), fut, dans toute l'acception du mot, une guerre d'aventures où il y eut sans doute à l'honneur de la France beaucoup de gloire et d'héroïsme, mais où, comme avantages, elle tira un assez maigre résultat de ses sacrifices. Non qu'il y eût à dédaigner pourtant ceux de la réunion de la Lorraine à la France, que prépara le traité de Vienne, dernière conséquence de cette même guerre de succession ; mais elle ne pouvait un jour ou l'autre que devenir inévitable.

En effet, le traité de Vienne (1735-1738) assignait à Stanislas Leczinski, beau-père de Louis XV, comme dédommagement du trône de Pologne laissé à Auguste de Saxe, la Lorraine et le Barrois, pour revenir après sa mort à la France.

C'était quand même un succès pour notre diplomatie, dont notre garde des sceaux Chauvelin, put revendiquer la meilleure part, de même que ce fut le peu de gloire qui illumina le ministère de Fleury. La France, en somme, dans cette guerre, n'avait-elle pas paru comme la médiatrice de l'Europe ?

II.

Le grand effort de cette guerre de succession porta sur le siège de Philippsbourg, ville qui était au xvııe et au xvıııe siècle considérée comme l'une des plus importantes forteresses de l'Empire. On le comprendra plus loin.

Il est nécessaire de reprendre les choses de plus haut.

La mort d'Auguste II, roi de Pologne, était venue troubler à nouveau la paix. Sa succession fut revendiquée par Stanislas Leczinski, le candidat national des Polonais, et par Auguste de Saxe, le candidat des Russes et des Autrichiens. Notre ministre Fleury, un ami de la paix à outrance, n'aurait pas mieux demandé que de laisser passer l'orage ; mais Chauvelin, ministre de la guerre, veillait aussi bien en qualité de patriote que de chef du parti belliqueux. Soutenu d'autre part par l'opinion publique, il fit comprendre qu'on devait soutenir le père de la reine. Fleury tint bon malgré tout, finassa et réussit à n'envoyer au secours de Stanislas, aux prises avec son concurrent Auguste III, qu'un semblant de flotte, avec 1.500 hommes. C'était en effet dérisoire, contre une armée de 20.000 Russes, dont Auguste III était le protégé. Que pouvait maintenant le pauvre Stanislas, bloqué dans les murs de Dantzig, où il implorait et attendait tout à la fois le secours de la France vers laquelle, du reste, toujours se tourna l'infortunée Pologne?

Ce fut toutefois l'heure d'un mémorable héroïsme.

Comme le chef de ces 1.500 hommes, reconnaissant l'inutilité de rien tenter, s'était retiré à Copenhague, notre ambassadeur, le comte de Plélo, un colonel breton, vit là une telle honte pour son pays, qu'il se jura, en son noble caractère taillé comme le granit de sa Bretagne, de sauver l'honneur de la France par une mort héroïque et volontaire à l'assaut de Dantzig. Il ramène donc les 1.500 hommes devant cette ville, écrivant au ministre Maurepas : « Je sais que je n'en reviendrai pas ; je vous recommande ma femme et mes enfants. » Il s'élance et force trois des quartiers russes et n'arrive au quatrième que percé de coups ; ses soldats succombent sous le nombre, sont tués ou pris. Stanislas ne réussit à s'enfuir que grâce à un déguisement. C'en était fait de la Pologne, redevenue une proie pour la Russie et l'Autriche. C'en était fait aussi du prestige de la France, qu'après les désastres qui avaient marqué la fin du règne de Louis XIV, les désordres, les folies et la débâcle financière de la Régence, on ne regardait plus comme puissance militaire ou maritime qui comptât. Que dis-je? On voulait voir désormais en elle une race finie, tout juste bonne à donner au monde des coiffeurs, des maîtres de danse, des modistes et des courtisanes.

C'est du moins ce qu'on pensait au moment où Fleury, se piquant d'honneur et voulant effacer le mauvais effet produit, s'apprêta à reprendre la lutte traditionnelle contre la Maison d'Autriche. Il conclut contre elle avec l'Espagne et la Savoie un traité qui promet le royaume de Naples à l'infant Don Carlos et une partie du Milanais au roi de Sardaigne. Puis il envoie deux armées, l'une sur le Rhin, l'autre en Italie, commandées par les maréchaux de Berwick et de Villars.

Cette cour épuisée allait se redresser, et le poète Gentil Bernard put dire sans hâblerie :

.... De la cour de Louis l'éclatante jeunesse
Part du sein des plaisirs, qu'elle aime et qu'elle a fui ;
Voyageurs sans regrets et guerriers sans faiblesse,
Élevés comme Achille, ils passent comme lui,
Des lieux où dans les fleurs les berçait la mollesse,
Aux périls où l'honneur les appelle aujourd'hui.

Je ne sais si ces vers parvinrent à la connaissance du prince Eugène, mais il était bien persuadé que la jeunesse en question tiendrait mal contre les troupes aguerries qu'il avait conduites si souvent à la victoire. Leur tenir tête, serait-ce même possible de la part de ces jeunes gentilshommes, coureurs de ruelles ? Eh bien ! non seulement ils devaient leur tenir tête, mais encore les battre, pour le plus grand ébahissement de ceux qui s'apprêtaient à mettre les rieurs de leur côté.

Si la campagne d'Italie fut brillante, pleine d'actions d'éclat, mélangée de fêtes, de chants et de victoires, elle fut loin d'être aussi rude que celle du Rhin, dont il va être surtout question dans les lettres de notre Sparnacien, lettres écrites pour ainsi dire au jour le jour, où il nous livre la vérité, rien que la vérité, sur ces événements où il est à la fois témoin et acteur. Voilà de ces documents qui aident bien à reconstituer l'histoire et à lui donner le caractère le plus authentique. Je sais un historien de grande valeur, — j'ai nommé M. le duc de Broglie, — qui les apprécierait hautement, d'autant mieux qu'il s'est beaucoup occupé et s'occupe encore de toutes ces guerres qui désolèrent les règnes de Louis XV et de Louis XVI avec des alternatives de vic-

toires et de défaites, de fautes, d'impéritics et de relè-
vements.

Grâce à ces lettres enfin, il est donné en quelque sorte
d'assister soi-même à ce siège mémorable de Philippsbourg. Nous y retrouverons l'endurance et la vaillance du
soldat français d'alors, son intrépidité, sa gaîté en face
de l'ennemi, les difficultés qu'il eut à surmonter pour
dompter, s'il m'est permis de parler ainsi, les maré-
cages qui formaient des fortifications naturelles à
Philippsbourg. Ses successeurs, cent soixante et
quelques années après, en affrontèrent d'analogues —
et l'on sait avec quel héroïsme — au Dahomey et à
Madagascar.

Non seulement ces lettres sont un récit imagé, pittoresque, fidèle, des faits guerriers auxquels assiste son
auteur, elles donnent en outre son opinion sur eux et
sont par là même fort instructives. Même la stratégie y
trouve son compte.

On peut dire en outre que Jean Devillers était un
homme instruit pour son temps. Il appartenait à une ho-
norable famille d'Épernay, où son père était apothicaire.

Je laisse la parole maintenant au narrateur du siège
de Philippsbourg, demandant qu'on ne s'étonne pas du
plus ou moins d'orthographe des noms propres allemands, que je copie littéralement, tout comme le reste.

Qu'ajouterai-je ? C'est que je fis cette précieuse
découverte de lettres, intercalées de-ci de-là dans des
volumes reliés, des collections des gazettes de France,
d'Utrecht, etc., appartenant au fonds Bertin du Rocheret, à la Bibliothèque d'Épernay (1).

(1) Cfr *Manuscrits de la Bibliothèque d'Épernay*, catalogue
dressé par E. Coyecque, dans le *Catalogue général des manuscrits
des Bibliothèques publiques de France*, t. XXIV, p. 345.

C'est ainsi que chaque jour s'enrichit l'histoire et que quelquefois les chercheurs sont récompensés de leurs patientes et persévérantes recherches.

Armand Bourgeois.

LETTRES INÉDITES DE JEAN DEVILLERS

D'ÉPERNAY (1734)

I.

Du camp de Burchsal, ville du Comté de Dourlac,
à trois lieues de Philisbourg.

MON CHER PÈRE,

J'ai reçu les deux lettres que vous m'avez fait l'honneur de
m'écrire en réponse de celle de Metz ; je n'ai pu vous donner
plus tôt de mes nouvelles, parce que M. Duvivier m'a souvent
envoyé en détachement panser les blessés ou les faire conduire dans les hôpitaux des places les plus proches. Nous
avons passé par Vicq, Sarbourg, Falsebourg, Saverne, Hague-
nau, Wuissembourg, Landau et Spire, où nous avons resté
dix ou douze jours. Là nous avons vu le Rhin et les Allemands qui se fortifiaient dans une île, au milieu de ce fleuve.
Cette ville, qui est un évesché, se ressent encore des malheurs
que feu Monseigneur le Dauphin y a causés. On n'y voit que
débris d'églises et de maisons. Ne pouvant passer là le
Rhin sans trop de risques, l'armée l'a passé au fort Louis, le
2ᵉ may, sur des ponts de bateaux. Nous sommes entrés sur
les terres du prince Louis de Bade ; nous avons vu sa superbe
maison de Rastat, qui est dans le goût de Versailles, et deux
jours après nous sommes arrivés au pied des Montagnes-
Noires défendues par des lignes de quatre lieues de longueur,
fortifiées de tout ce qui pouvait arrêter deux mois une armée
de cent mille hommes, avec des redoutes de cinq cents pas
en cinq cents pas. Le 4 may, à trois heures après midi, M. de

Noailles les força et s'en empara. Les ennemis ne firent qu'une décharge et s'enfuirent. Nous y avons perdu soixante et quinze hommes seulement, tant tués que blessés. Trente mille hommes que commande le prince Eugène marchent pour garnir ces lignes; mais ils furent prévenus par nos troupes, et l'on a su par les déserteurs que le prince Eugène dit alors froidement : « Laissons faire Messieurs les Français. Patience, je n'ai jamais eu bonne opinion de ces lignes, cela ne convient qu'à des poltrons. » Et aussitôt il fit retirer son armée. On exige partout de grosses contributions, et le cardinal de Schonborn, oncle de l'impératrice, évêque de Spire et prince de Burchsal, n'en sera pas quitte à moins de 500.000 livres pour sa part. Il a ici des châteaux superbes, des jardins et une chapelle comme celle de Versailles. On dit que Philisbourg est investi de toutes parts, mais que le canon n'en peut approcher à cause des marais.

Si M. le Directeur de la poste aux lettres veut que je lui adresse les nouvelles, je pourrai les lui envoyer sur-le-champ, et par même moyen vous saurez ce que je fais; en ce cas vous n'auriez qu'à m'envoyer son adresse, à l'égard des miennes. Tous les chirurgiens sont toujours au quartier du roy, et dès que vous continuerez à adresser à Devillers, chirurgien de l'hôpital de l'armée d'Allemagne, ou du Rhin, ou de l'Alsace, n'importe, vos lettres me seront exactement remises. J'avais tout lieu de croire que le garçon qui s'en était allé et dont je devais avoir les appointements, ne reviendrait pas; cependant ses protecteurs l'ont renvoyé avec de nouvelles lettres de recommandation, et il a été remis sur l'État. Je n'ai donc rien touché pendant mars et avril comme les autres, et M. Duvivier a trouvé à me placer sur l'État à commencer du 1er mai. Ainsi, je toucherai cinquante livres d'icy et cinquante livres du Quesnoy; avec tout cela je n'en pourrai avoir de reste qu'avec beaucoup d'économie; la route m'a coûté plus de cent livres. J'ai écrit à mon chirurgien-major du Quesnoy et l'ai prié de vous envoyer deux louis d'or par la poste. Je compte que si vous ne les avez pas encore reçus, vous les recevrez bientôt; vous m'en accuserez, s'il vous plaît, la réception. Je voudrais de tout mon cœur pouvoir faire davantage; je l'emprunte d'avance, comme vous voyez. Comme M. Duvivier n'est pas content de la pratique de plusieurs de ses aides-majors, il m'emploie ici plus que les autres et me promet fort de me faire avoir une aide-majorité l'année prochaine, et, pour l'y porter davantage, j'ai envie de lui promettre un louis d'or sur les appointements de chaque mois qui sont de 130 livres. Il m'a assuré que M. Lafosse aurait pu me faire mettre sur l'État, mais qu'il craint toujours d'être refusé; j'ai vu M. de Grisillimont, mais je ne puis pas beaucoup compter de ce côté-là.

J'embrasse ma mère et mes sœurs et suis avec un très profond respect, mon cher père, votre très humble et très obéissant fils.

Signé : DEVILLERS.

II.

D'Oberhauzen, ce 13 Juin 1734, à un quart de lieue de Philisbourg.

Mon cher père,

Je n'ai rien à craindre ni pour mon poste du Quesnoy ni pour les appointements que j'y dois recevoir. Le secrétaire de M. Déséchelle vient de me mander qu'il venait d'expédier des ordres au commissaire des guerres de donner des certificats de service comme si j'étais présent. M. Duvivier et moi avions écrit, il y a deux mois, à M. Delafosse, pour lui faire agréer ma démarche; le même M. Duvivier a aussi écrit à M. Déséchelle au sujet de mes appointements. Ainsi voilà mon affaire sûre et consommée. Je ferai en sorte qu'à la fin de ce mois, vous receviez l'affaire de question ; je viens d'écrire à ce sujet aussi bien que pour le bandage de ma mère. Je serai toujours charmé quand je pourrai contribuer à ce qui vous sera de quelque utilité. Et comme je vous l'ai promis, il y a un an, ce sera en pareil temps la même chose. Je suis infiniment obligé à M. le Président (1) de la liberté qu'il m'accorde de lui adresser les nouvelles de ce pays ; remerciez-l'en, s'il vous plaît, de ma part ; mais je ne me résoudrai point à lui faire coûter des ports de lettres pour des choses où vous pourriez prendre au moins autant de part que lui. Dites-lui, s'il vous plaît, pour nouvelle malheureusement trop certaine, que M. le maréchal de Berwick a été tué hier, à neuf heures du matin, d'un coup de canon dans la tranchée devant Philisbourg. Il était alors à la tête de la tranchée, tout près des ouvrages extérieurs de cette place qu'il examinait attentivement, quand un boulet venant des remparts lui brisa la tête et toutes les vertèbres du col et enfin le tua tout raide. La garde qui était devant sa porte monte à présent devant celle de M. d'Asfeld, qui commande notre armée siégeante. J'ai vu un détachement conduire son corps à Strasbourg. Et tout le monde croit que M. d'Asfeld (2) aura sa place ; il est infiniment regretté.

Tout est dans notre camp d'une consternation extraordinaire. La soldatesque qu'il contenait dans le devoir par une exacte et rigoureuse discipline semble moins s'en soucier que les autres, et sa mort, semblable à celle de M. de Turenne, lui donne un nouveau lustre. Il avait fait investir Philisbourg le 27 may par quatre-vingt-deux bataillons. Cela fait environ quarante mille hommes, et jusqu'alors tout nous réussissait assez bien sous ses ordres ; il allait pian pian, mais aussi il

(1) Il s'agit de Philippe-Valentin Bertin du Rocheret, président de l'élection d'Épernay.

(2) Claude-François Bidal, maréchal de France, créé marquis d'Asfeld par lettres patentes de Louis XV, publiées dans la *Revue de Champagne et de Brie*, 1ʳᵉ série, t. IX, p. 353, et t. X, p. 532.

n'exposait pas témérairement ses soldats et cependant parvenait à ses fins. Ajoutez à cela que, possédant seul le secret de la cour, il se rendait impénétrable à tout le monde, qualité que l'on estime beaucoup dans un général.

Je viens au siège. On fit en trois jours une ligne de circonvallation qui enferme à la fois les assiégeants et les assiégés. On ouvrit en même temps une tranchée devant plusieurs redoutes détachées par le Rhin des ouvrages de la place et on contraignit les Allemands de les abandonner ; les Suisses furent chargés de cette expédition, ce qui arriva le dernier may, et je vis dans le régiment Dasuy suisse une tête appartenant à un M. Fray, lieutenant-colonel du dit régiment. Je ne scay si c'est un parent de M. Fray, d'Épernay.

Le jour de la prise de ces redoutes, M. le prince de Lixin (1), colonel de cavalerie et frère du prince de Pons, fut payé de sa curiosité, car il fut tué d'un coup d'arme à feu au sortir de la tranchée. Cependant les trois quarts de l'armée croient et se disent à l'oreille que sa blessure est la suite d'un duel bien formé.

Le 3 au soir, jour de l'Ascension, on ouvrit la première tranchée devant la ville. Je fus de garde à la queue de la tranchée avec M. Duvivier et le suis de jour à jour. Je passe mon jour de bon dans un exercice continuel à l'hôpital et je dors peu.

Les trois premiers jours de tranchée, les Allemands firent bien peu de feu. On fit une deuxième tranchée, et ils sortirent alors de leur léthargie. Nous avions plus de quarante pièces de vingt-quatre en batterie en différents endroits et douze mortiers qui font un feu presque continuel de jour, et ils nous opposent presque une aussi forte artillerie. De nuit, la mousqueterie tire de part et d'autre le long de leur glacis, le feu prend de temps en temps à leurs maisons par le moyen

---

(1) Il fut tué le 2 juin. Il se nommait Jacques-Henri de Lorraine. Il était dans sa 37e année et grand-maître de la maison du duc de Lorraine.

des bombes, et il semble, la nuit, dans ces moments de bruit et d'horreur, que toute la ville aille être renversée de fond en comble. Cependant on n'espère pas la pouvoir prendre si tôt : 1° parce qu'il y a une garnison de cinq mille hommes ; 2° parce qu'elle est tout environnée d'un marais presque impraticable ; 3° enfin parce que, pour éviter ce marais, il faudra l'attaquer par un endroit défendu à droite par le Rhin et par un ouvrage à corne, et à gauche par une demi-lune et un ouvrage couronné. Nous avons un pont sur le Rhin composé de cinquante-huit bateaux. Ils lâchèrent il y a huit jours un bateau plein d'artifice, qui devait, en s'accrochant au pont, y mettre le feu et aurait empêché le secours qu'on aurait pu lui donner, par la quantité de bombes et de grenades dont il est rempli ; mais cela ne leur réussit pas, car les gardes du pont l'ouvrirent en deux, et le bateau avec tout son artifice fut à demi-lieue plus bas faire un vacarme inutile. Comme notre armée est très forte en cavalerie et qu'il n'y a pas assez de fourrages pour la nourriture de tant de chevaux, que d'ailleurs on veut observer le prince Eugène, dont les hussards nous enlèvent souvent des cent et cent chevaux, M. de Berwick a jugé à propos, il y a huit ou dix jours, de faire repasser le Rhin presque à toute la cavalerie et aux gros équipages et les a fait camper à Spire et aux environs. Si l'on n'a pas à Épernay l'ordre de bataille des armées de M. de Berwick et du prince Eugène, je pourrais vous l'envoyer aussi bien qu'un jeu de piquet joué par les princes de l'Europe sur les conjonctures du temps présent. Le plus beau pain vaut ici 2 sols 6 deniers la livre ; le vin commun, 6 sols la bouteille ; le bœuf, 5 sols ; la vache, 4, et le veau et le mouton, 6 sols. J'embrasse ma mère et mes sœurs.

Signé : Devillers.

III.

Du Camp devant Philisbourg, ce 29 Juin 1734, à dix heures du matin

Monsieur,

Il paraît par les lettres de mon père que vous seriez bien aise que je vous adresse les nouvelles du siège. Je serai charmé de contribuer à ce qui vous fera plaisir et m'en acquitterai autant bien qu'il me sera possible et que mon temps me le permettra, car dans trois jours, je n'ai qu'une seule nuit de repos. En fidèle historien, je dois vous marquer les mauvais événements comme les bons; vous saurez en conséquence que, depuis la mort du maréchal de Berwick jusqu'au 23 de ce mois, les choses n'ont pas été trop bien. Le Rhin et le prince Eugène nous font également la guerre, le premier par sa crue qui remplit une partie de nos tranchées et les marais, et l'autre par ses ruses; ce dernier nous a enlevé et taillé en pièces, il y a huit jours, une avant-garde de trois cents hommes à Graben, à 4 lieues de nos lignes. Un paysan qu'il avait instruit, vint avertir qu'il y avait cinquante hommes dans un bois. On y courut et, au lieu de cinquante, on en trouva trois mille qui ne firent pas grand quartier aux nôtres.

Le partisan Jacob et toute sa compagnie franche de dragons ont été tués ou pris prisonniers, sans y comprendre les grenadiers détachés de plusieurs régiments. Quoique cette perte soit de petite conséquence, elle donna du prince Eugène, une opinion qui intimida le soldat et qui augmenta sa crainte; c'est la précaution du maréchal d'Asfeld qui a fait hier et aujourd'hui repasser le Rhin à tous les gros et petits équipages. Les gens sensés disent que c'est à cause de la disette des fourrages dans le camp; mais le soldat l'attribue à pol-

tronnerie. Ce qu'il y a de très certain, c'est que l'on voit
de notre camp dès avant-hier les tentes de son avant-garde.
L'on a abattu les baraques et comblé les cuisines du camp.
Les piquets ont passé la nuit dernière sur la ligne, et l'on
dit que l'armée y couchera ce soir au bivouac. Enfin, on
l'attend à tout moment et tout se dispose à la bien recevoir.

A l'égard du siège, depuis la mort de M. de Berwick jusqu'au 22, il ne s'est rien passé de considérable. Le feu de
notre artillerie et celui de la mousqueterie a été moins violent
qu'auparavant. Nous avons eu plus de quarante pièces de
canon démontées par ceux des ennemis ou parce qu'étant
d'un métal trop mou, ils s'allongeaient étant chauffés. Jusqu'alors la sape avait été le seul moyen d'approcher des
ouvrages extérieurs de Philisbourg; mais la crue du Rhin
occasionnée ou par les pluies ou par la fonte des neiges qui
couvrent le sommet des montagnes de ces pays-ci jusque
pendant l'été, a fait sentir à nos généraux la nécessité de
presser le siège à force, afin de ne pas se trouver tout à la
fois tant d'ennemis à combattre, savoir: le Rhin débordé qui
remplit d'eau une partie de nos tranchées, la garnison de
Philisbourg, qui se défend à merveille et dont le feu est ter-
rible, et de plus le prince Eugène qui, *quasi leo rugiens
quærens quem devoret*, est à trois lieues d'ici avec une armée
de soixante-dix mille hommes, résolu, dit-on, d'entreprendre
à forcer nos lignes. La sape fut donc rejetée par nos généraux et regardée comme un moyen trop long pour obliger
Philisbourg à se rendre, et il fut résolu d'attaquer leurs fortifications à front découvert. Pour cela, l'on prit, la nuit du
22 au 23 mai, une lunette revêtue, que les ennemis avaient
faite depuis peu, dans l'angle rentrant de la branche de l'ouvrage à corne et du front de l'ouvrage couronné. Les deux
compagnies de grenadiers de Bourbonnais, chargées de cette
expédition, y entrèrent vers les neuf heures du soir sans
résistance et y prirent un parent du gouverneur et un soldat.
Ceci m'a été dicté par un ingénieur présent à tout, blessé en
dernier lieu et que je panse actuellement.

Vingt-huit hommes qui composaient le reste du détachement se sauvèrent par un pont en radeau, c'est-à-dire de
bois flotté. Dès qu'ils furent retirés, les troupes qui bordaient
le chemin couvert intérieurement par rapport à cette pièce,
commencèrent un feu si vif, si soutenu et si bien dirigé que,
quoyque nos grenadiers fussent restés à l'abri, suivant les
ordres, il y eut soixante-dix hommes ou environ tués ou
blessés. Une perte si considérable n'empêcha pas qu'on ne
logeàt dans la pièce.

La même nuit, on s'étendit à la droite, le long du chemin
couvert et avant couvert du front de l'ouvrage à corne, et la
nuit suivante l'on fit le logement jusque vis-à-vis l'angle
flanqué de la·demi-lune et l'on s'empara d'une espèce
de redoute en bastion détaché, qui était au bord du Rhin. Des
deux cents hommes qui gardaient ces différentes parties, l'on
en prit cinquante-trois, parmi lesquels il se trouva treize
blessés; le reste, à l'exception de cinq ou six, fut tué ou se
noya.

L'on a commencé depuis à jeter deux ponts, l'un sur le
fossé du demi-bastion gauche à notre égard de l'ouvrage à
corne, l'autre sur la face voisine de la demi-lune revêtue qui
la couvre, et ce dernier étant praticable, on s'est logé cette
nuit dans cette demi-lune où l'on n'a trouvé personne, les
ennemis ayant été forcés de l'abondonner, parce que notre
artillerie avait rompu la communication. (Ici finit la dictée de
l'ingénieur)

Depuis ma lettre écrite, M. de Belle-Isle, qui se trouve de
tranchée, vient d'attaquer un ouvrage à corne en plein midi.
Les ennemis ont été forcés de reculer petit à petit. Ils sont
actuellement cantonnés dans un petit coin de ce même
ouvrage, d'où l'on se flatte qu'il seront délogés peut-être dans
un quart d'heure; mais la poste qui part ne me laisse que le
temps de vous assurer que je suis très parfaitement, Monsieur,
votre très humble et très obéissant serviteur.

Signé : DEVILLERS.

Je vous prie d'assurer mon père et ma mère de mes respects. J'ai reçu leur lettre du vingt-deux juin. Je suis nourri
à l'hôpital dès le commencement du siège et ne le seray plus
lorsqu'il finira. Nous ne sommes que vingt-quatre chirurgiens
ici. Le reste, au nombre de plus de cinquante, sont à Spire
où est le grand hôpital, car nous ne pansons ceux du siège
qu'en premier appareil et les conduisons dans l'instant à
Spire.

IV.

Du Camp devant Philisbourg, ce 9 juillet 1734.

MONSIEUR,

Je me serais satisfait en vous écrivant plutôt, si mon temps
eût pu me le permettre. Je compte que celle-ci sera bientôt
suivie d'une autre, car nous sommes tous les jours à la veille
de quelques actions d'éclat soit de la part du prince Eugène,
qui est campé à un quart de lieue auprès de nous, soit du côté
de la ville, dont on doit attaquer demain au plus tard l'ouvrage à couronne ; mais je vais reprendre d'un peu plus haut.
Je vous avais marqué que M. de Belle-Isle attaquait l'ouvrage
à corne et qu'il s'en fallait peu qu'il ne fût maître de cette
pièce ; cela était vrai dans le temps, mais il fut repoussé et
tout ce qu'il put faire fut de conserver la brèche. On y fit un
mauvais logement, la nuit du 28 au 29. L'ingénieur, qui me
dicte de temps en temps, oublia de me dicter que le pont
qu'on avait fait sur le fossé qui sépare la demi-lune de l'ouvrage à corne, étant mal construit, se rompit, faute d'un assez
grand nombre de fascines, de claies et de sacs à terre. Douze
ou treize grenadiers furent noyés. Tous les autres, pour aller
à la brèche dégager leurs camarades, furent contraints

d'entrer dans l'eau jusqu'aux reins pour le moins, et, dans l'espace de deux heures, il nous vint cent onze blessés de cette affaire. Ici commence la dictée de l'ingénieur :

La nuit du 29 au 30, on fit un logement en forme qui embrassait une partie du demi-bastion, et l'on poussa de là deux sapes, dont l'une allait s'appuyer au flanc et l'autre à la branche ; l'on s'allongea en même temps à la droite, depuis l'aqueduc jusque vers l'angle saillant du chemin couvert de 'autre bastion.

La nuit du dernier juin au 1ᵉʳ juillet, les grenadiers et un piquet du régiment des gardes françaises débouchèrent et chassèrent sans peine une trentaine d'hommes qui gardaient l'ouvrage dans lequel on était logé ; mais les ayant suivis avec trop d'ardeur et trop loin, ils essuyèrent un feu si vif qu'il y eut treize officiers blessés, seize sergents tués ou blessés et cent cinquante-cinq grenadiers blessés. L'on retira de plus trente-trois morts pendant une suspension d'armes que nous demandâmes le lendemain, et l'on se logea sur tout le front de l'ouvrage.

Le 1ᵉʳ juillet l'on vit des troupes de cavalerie et d'infanterie ennemie border le bois. Les nôtres occupèrent leur poste et toute l'armée passa la nuit au bivac.

La nuit du 1ᵉʳ au 2, on continua le logement de l'ouvrage à corne, et le 2 notre cavalerie repassa le Rhin. Et sur l'avis que le prince Eugène ne cherchait qu'à nous amuser, qu'il avait fait cuire du pain à Dourlac et qu'il paraissait avoir dessein de jeter un pont à Haghimbac, M. le maréchal de Noailles partit avec les Suisses, toute la maison du roi et les dragons pour l'observer.

La nuit du 2 au 3, on se longea le long du chemin couvert et de la branche gauche de l'ouvrage à corne ; il y eut une alerte entre onze heures et minuit, le régiment d'Alsace, qui couvre le quartier du roi, fit sa décharge ; l'on tira même quelques coups de canon, le tout sur une de nos patrouilles qui eut trois hommes tués et plusieurs blessés, entre lesquels s'est trouvé un officier de dragons.

La nuit du 3 au 4, on s'est longé le long de la branche gauche de l'ouvrage à corne et le long du glacis de la même branche jusqu'à la place d'Armes rentrante.

La nuit du 4 au 5 toute l'armée a couché au bivac, comme elle y avait déjà couché les nuits précédentes. L'on fit cette nuit trois zigzags sur chaque branche de l'ouvrage à corne et l'on descendit dans la place d'Armes rentrante de son chemin couvert, on s'y logea d'une traverse à l'autre et on poussa un bout de sape de ce logement à l'angle de la contre-escarpe où il paraît y avoir un bâtardeau.

Du 5 au 6, l'on s'allongea le long des branches de l'ouvrage à corne ; il plut toute la nuit et tout le jour.

Entre dix et onze heures du matin, il y eut une alerte à la droite causée par une troupe de houzards soutenue de quelque infanterie qui, s'étant approchée des lignes, fut saluée de la mousqueterie des piquets et de quelques coups de canon.

L'on s'est longé aussi sur le chemin couvert de la face du demi-bastion couronné et l'on coupa la vanne du bâtardeau, ce qui baissa les eaux d'un pied et demi. Nos canonniers tirent sur le château Cardinal et sur la tour qui est toute percée. (Ici finit la dictée de mon ingénieur.)

L'on se prend ici aux ingénieurs de la longueur du siège. J'ai entendu dire par l'un d'eux que M. d'Asfeld leur avait parlé fort vivement à ce sujet, et effectivement depuis la mercuriale leur ouvrage avance bien plus ; ils ont placé vingt pièces de canon de vingt-quatre dans l'ouvrage à corne, depuis trois jours ces canons tirent jour et nuit et ont fait une brèche à l'ouvrage à couronne propre à contenir trente hommes de front.

L'on travaille depuis hier à construire un pont vis-à-vis cette brèche, sur le fossé qui sépare l'ouvrage à corne de l'ouvrage à couronne. L'on compte que, pour le rendre plus solide que l'autre, il faudra vingt mille fascines, sans y comprendre les clayes et les sacs de terre.

A l'égard de nos lignes, les connaisseurs disent qu'elles sont imprenables ; il y a doubles fossés et des puits au-devant de tous les côtés, et les soldats, fatigués de travail et d'insomnie, aguerris par le siège, souhaiteraient une bataille qui, décidant tout d'un coup en leur faveur, leur permît après de se déshabiller et de coucher tranquillement sous leurs tentes.

On dit que le prince Eugène est vivement sollicité par les cercles de l'Empire de nous donner bataille pour empêcher la prise de Philisbourg; ils menacent, dit-on, de retirer leurs troupes s'il ne le fait pas, afin de s'exempter des contributions qu'on exigera d'eux après la prise de cette place.

J'ai l'honneur d'être, avec toute l'estime possible, Monsieur, etc...

Signé : Devillers.

V.

A M. Devillers, marchand-apoticaire à Épernay.

Mon cher Père,

Je viens de recevoir l'honneur de la vôtre, datée du 2 juillet. Il y avait déjà quinze jours que le fils de M. Pierrot était dans notre hôpital du siège, sans qu'il se soit fait connaître à moi. Je l'avais même pansé plusieurs fois et tous les jours j'écrivais son nom de guerre sur la visite, sans savoir que ce fût lui; enfin un des nôtres m'apprit par un pur hasard que j'avais ici un compatriote. Ce jour, il fut résolu de lui couper la jambe. Il demanda que ce fût moi qui lui fît l'amputation. J'obtins l'agrément de M. Duvivier, mais l'aide-major n'ayant pas voulu me céder son droit, il ne la fit pas ni moi non plus; M. Duvivier nous mit d'accord et la fit. J'en suis bien aise pour notre ami, car personne ne travaille mieux que notre chirurgien-major. La fracture était des plus compliquées;

elle était occasionnée par un éclat de bombe qui lui avait cassé les deux os de la jambe dans la partie supérieure, avec grand nombre d'esquilles et plaies, de sorte qu'au lieu de la jambe, on fut contraint de lui couper la cuisse. Il va autant bien qu'on puisse le souhaiter et il ne manquera de rien tant que nous serons ensemble. M. Duvivier m'a promis de me le laisser jusqu'à ce qu'il soit hors de danger et de ne point l'envoyer à Spire, comme tous les autres blessés. Ma mère recevra enfin son bandage; on l'a retrouvé à ma chambre du Quesnoy, et M. Denry est chargé de la part de M. Farbu de vous le faire tenir ou par les postillons ou par les premiers voituriers qui iront à Reims. Je l'ai fait adresser au Mont-Saint-Michel.

J'embrasse ma mère, etc...

Signé : DEVILLERS.

VI.

Du camp devant Philisbourg, ce 13 juillet 1734.

MONSIEUR,

Depuis ma dernière lettre, le Rhin débordé nous fait plus de mal que les Allemands. Sa crue est si considérable, qu'il y a de l'eau dans tous les boyaux de la tranchée et même par-dessus le revers et le parapet presque partout. Trois bataillons et huit compagnies de grenadiers qui devraient être dans les boyaux de la tranchée, sont obligés de rester dans l'ouvrage à corne les uns sur les autres et par conséquent très exposés au feu des bombes et des grenades des ennemis ; pour aller de la queue de la tranchée à l'ouvrage à corne, on a planté des perches sur les endroits où l'eau est moins haute, de distance à distance. On se suit à la file, la moitié du corps dans l'eau et l'autre exposée au feu des ennemis, qui ne s'endorment pas quand on relève la tranchée. Avant-hier ceux qui étaient de tranchée furent contraints d'y rester quarante-huit heures, ayant l'eau jusqu'aux reins, et ils y seraient encore si les ingénieurs n'eussent promptement nivelé et marqué avec des perches le terrain le moins profondément inondé, pour leur faire passage, et, comme il faut monter la tranchée de jour pour ne pas tomber dans les boyaux de la tranchée où l'on serait bientôt noyé, on est exposé au feu du canon de la place, dont un seul boulet rafla avant-hier huit soldats à la fois ; enfin ce n'est qu'une mer partout. Nous n'avons de communication avec Spire que par les bateaux, quoique nos ponts subsistent sur le Rhin ; ils sont inutiles parce que les chemins creux qui sont au delà sont autant de précipices pour les hommes, les chevaux et les voitures. Ainsi, si cela dure, nous pourrons bien perdre nos dents aux crocs, car le prince Eugène n'est pas, je crois, d'humeur à nous livrer aisément passage de son côté. Au contraire, il nous serre de plus en plus, en rechassant nos grands-gardes avancés. Ne pouvant venir en bataille à nous, à cause des canons que nous avons vis-à-vis les plaines, il s'en approche petit à petit par la sape, en assiégeant réellement nos lignes par des boyaux de tranchées et plaçant des batteries qui désolent notre camp.

Malgré toutes ces disgrâces, le soldat, toujours dans l'eau, soutient les fatigues du siège avec une fermeté héroïque. Comme l'eau sépare tout à fait notre cavalerie d'avec nous, on prétend que le prince Eugène doit profiter de cette circonstance pour nous attaquer et qu'absolument il ne laissera point passer le débordement sans cela.

Les ponts qui communiquent de l'ouvrage à corne à l'ouvrage couronné sont faits, mais il faut attendre l'écoulement des eaux pour pouvoir monter à l'assaut. On écrase la ville en attendant, à force de bombes et de boulets.

Je vous prie de dire à mon père que la cour vient de faire

une petite promotion d'aides-majors chirurgiens, du nombre desquels je suis. Ainsi, je vais avoir ici mes cent cinquante livres par mois. Je viens de remercier M. de Lafosse et M. de Jouy. Je ne fais plus de pansements ni de saignées, mais seulement les opérations, et je prescris à six garçons ce qu'ils doivent faire. Pierrot se porte assez bien avec sa cuisse de moins. M. Josnet enverra bientôt à mon père ce qu'il recevra de Chalrange. J'ai l'honneur d'être, etc...

Signé : DEVILLERS.

VII.

Du camp devant Philisbourg, ce 13 juillet 1734.

Vous ne serez assurément pas fâché, Monsieur, d'apprendre que l'ouvrage à couronne qui couvre en partie la ville de Philisbourg, vient d'être emporté cette nuit. On a débouché par les deux ponts à la fois, et malgré le plus grand feu du monde. On a été avec impétuosité sur les ennemis qui défendaient les brèches, sans tirer un seul coup de fusil et à grands coups de baïonnette. On les a débusqués et forcés de se sauver ; on les a suivis sans relàche, et nos troupes allaient entrer pêle-mêle avec eux dans la ville, si les ennemis n'eussent eux-mêmes coupé leur pont. Nous n'avons eu dans cette grande affaire que dix ou douze hommes tués et trente-trois blessés. Nous avons ramené ici cent vingt prisonniers, dont il y en a bien trente de blessés. On ne peut pas savoir encore combien il y en a eu de tués. On est ici d'une joie inconcevable de cette affaire, parce que cet ouvrage est si extraordinairement fort, et qu'on appréhendait qu'il n'y périsse bien plus de monde. Cela est si vrai qu'on avait hier au soir commandé jusqu'à six mille hommes pour cette attaque et qu'on en avait perdu bien davantage à l'attaque de la demi-lune et à celle de l'ouvrage à corne.

Cela est d'autant plus glorieux pour nous que l'armée du prince Eugène était alors en bataille, bordant les bois de tous côtés et prête à fondre sur nos lignes de toutes parts. Et comme nous nous attendions à tout moment d'être attaqués, notre armée entière était sous les armes, bordant les lignes ; le régiment de Languedoc-dragons, les grenadiers à cheval et un détachement des gardes du roi passèrent le Rhin à onze heures du soir et entrèrent dans nos lignes pour soutenir en cas de besoin. Il semble, à voir la joie et l'audace des soldats, que chacun d'eux ait gagné une victoire. Comptant sur leur bravoure et sur la force des lignes (qui effectivement sont inexpugnables), ils voudraient de tout leur cœur que les Allemands les vinssent attaquer. Enfin on n'a jamais vu tant d'ardeur pour le combat ; les blessés même sont plus occupés à raconter leurs prouesses qu'à songer au mal qu'on est contraint de leur faire, en retirant les balles dont ils sont parfois criblés.

Le Rhin par son débordement, les assiégés par leur artillerie, le prince Eugène par son armée formidable, les mouches par leur multitude, tout semblait, il y a quatre jours, devoir nous abîmer. Le Rhin est baissé de trois pieds depuis hier ; cependant on ne peut encore aller à Spire qu'en bateau. Le canon de la place ne nous inquiète plus guère, puisque nous sommes tout proche des murailles de la ville. Le prince Eugène sera rudement salué s'il approche de nos lignes, et plus de la moitié de son armée y périra sans qu'il puisse rien faire, si le bon ordre se conserve dans notre armée. A l'égard des mouches, si vous avez du bon onguent à nous envoyer pour les détruire, vous ferez plaisir à plus de cent mille hommes.

En attendant, j'ai l'honneur d'être très parfaitement, Monsieur, etc.

Signé : DEVILLERS.

VIII.

Du camp devant Philisbourg, ce 18 juillet 1734.

MONSIEUR,

Nos troupes se sont comportées jusqu'à cette heure avec tant de valeur, que les ennemis effrayés de leur courage infatigable, prennent enfin la résolution de se rendre. Depuis hier, deux heures après midi, le feu de l'artillerie a cessé de part et d'autre, le major de la place a fait ici plusieurs voyages, l'on a parlementé toute la nuit et l'on assure qu'ils ont, ce matin, arboré le drapeau blanc et battu la chamade. Ce qu'il y a de très certain, c'est qu'il y a plus de vingt-quatre heures que la suspension d'armes subsiste, et, quoiqu'il ne transpire rien de ce qui se passe chez M. d'Asfeld, mille gens assurent que la garnison a obtenu de sortir avec six pièces de canon et une septième pour le gouverneur, qu'elle doit être conduite à Mayence par bateaux ; mais personne ne peut dire combien notre général leur en accorde. Voici comme cela s'est passé hier, à midi. Un officier de la garnison de Philisbourg fut amené chez le maréchal d'Asfeld et demanda la permission de passer nos lignes, pour porter au prince Eugène une lettre cachetée de la part du gouverneur. Cela lui fut refusé net, mais poliment. En même temps M. d'Asfeld dit à l'officier d'avertir le gouverneur de Philisbourg de ne point attendre que nos canons fussent en état de battre en brèche, sans quoi ils ne pourraient être reçus qu'à discrétion ; que nos grenadiers étaient trop animés de la perte de leurs camarades, pour qu'il pût les retenir s'ils venaient encore une fois aux mains. L'officier retourna, et trois heures après le major de la place arriva, qui commença à parlementer.

Je ne sais, Monsieur, si les lettres que j'ai l'honneur de
vous écrire vous sont exactement rendues ; mais mon père,
de qui j'ai hier reçu une lettre, me marque que je n'écris ni
à vous ni à lui et me fait des reproches à ce sujet, quoique
dans les trois ou quatre dernières lettres, je vous aie prié de
lui communiquer, chose assez intéressante pour moi, comme
la nouvelle certaine de mon aide-majorité de l'armée.

En attendant que je sache si mon père a raison de se
plaindre ou moi, j'ai l'honneur d'être, etc.

Signé : Devillers.

IX.

Du camp devant Philisbourg, ce 20 juillet 1734.

Voici, Monsieur, quelques particularités qui concernent la
reddition de Philisbourg. La nuit du samedi au dimanche,
nos sapeurs profitèrent du temps de la suspension d'armes
pour faire dans l'ouvrage à couronne une infinité de boyaux
de sapes, pour se mettre à couvert des feux de la ville.

Le gouverneur vint sur la muraille à dix heures du soir et
se plaignit amèrement du violement du traité, qu'étant en
suspension d'armes on ne devait travailler ni de part ni
d'autre, qu'un pareil procédé serait une tache à la nation
française, qu'il ne lui suffisait pas d'avoir dans l'Europe la
réputation de belliqueuse, qu'il fallait encore qu'elle fût
fidèle dans l'observation des traités et qu'il ne pouvait croire
qu'elle fût fidèle dans l'observation des traités et qu'il ne
pouvait croire que M. d'Asfeld eût donné de pareils ordres ; il
revint trois fois pendant la nuit faire de nouvelles plaintes,
mais tout fut inutile, et l'officier de garde répondit que y

ayant suspension d'armes, il ne serait pas tiré le moindre coup de fusil, mais que n'étant pas question de suspension de travail, on le continuerait jusqu'à ce qu'on fût à couvert, que M. le Gouverneur pouvait faire travailler partout où il le jugerait à propos, qu'on ne s'en embarrasserait nullement. Et nos sapeurs et travailleurs firent dans cette même nuit tant de besogne que le gouverneur, effrayé de les voir à la pointe du jour sur le bord de son fossé, fit arborer le matin, 8 juillet, le drapeau blanc sur la brèche et battre la chamade.

La place d'ingénieur en chef dans Philisbourg ayant été donnée à l'ingénieur blessé que je panse, ce Monsieur m'a mené hier avec lui dans la ville. Nous avons dîné avec l'ingénieur de l'empereur, qui est seul dans cette place depuis un an, lequel nous dit qu'on avait accordé tous les honneurs de la guerre à leur garnison, qu'ils sortiraient mercredi 21 du courant, avec cinq pièces de six et deux de douze et deux mortiers, qu'ils seraient conduits et escortés jusqu'à Mayence, où ils iraient par bateaux ; mais on ne sait pas combien ils en ont obtenu. Cet ingénieur dit au nôtre qu'ils avaient été contraints de capituler, parce qu'ils commençaient à manquer de poudre, qu'ils n'avaient que huit cents hommes de troupes appartenant à l'empereur qui aient bien servi, que les autres étaient de nouvelles milices fournies par les cercles, tous paysans point aguerris et qu'on ne pouvait faire marcher qu'avec des peines infinies. Il ajoute que, si l'on eût ouvert la tranchée de deux cents toises plus sur la gauche, on aurait trouvé au milieu du marais un terrain élevé, ferme et plus grand qu'il n'aurait fallu pour y pratiquer des boyaux de tranchée bien suffisants, mais que ce terrain était caché par l'élévation du glacis et des joncs du marais qui est au-devant.

A ce récit, notre ingénieur français faisait des contorsions à me faire crever de rire. Il assura l'autre que ce siège avait formé nos troupes à merveille, qu'en commençant nos grenadiers tiraient à la lune, mais qu'à cette heure ils ajustaient comme ils voulaient et ne songeaient point du tout au danger, en s'y exposant. Il lui dit franchement qu'on était surpris que le prince Eugène ou le gouverneur ou tous les deux ensemble n'eussent pas profité du débordement du Rhin pour tomber sur quelque quartier de notre armée qui, par le plus grand malheur du monde, se trouvait alors divisée en trois, sans pouvoir se donner aucun secours mutuel; il donna de grandes louanges aux canonniers, et ils se sont quittés fort bons amis. Le gouverneur de Philisbourg a dîné hier chez M. d'Asfeld et aujourd'hui chez le prince de Clermont. Depuis le 18 jusqu'à présent 20 juillet, un détachement de gardes françaises occupe une des portes de la ville, et cette après-diné les régiments de Conty, d'Auxerrois, de Périgord et d'Agénois doivent entrer dans la ville et prendre possession de tous les postes. Je me suis promené hier partout et je n'ai vu de tous côtés que des objets de compassion, une ville renversée sens dessus dessous, pas une seule maison exempte de la désolation générale, un corps de caserne brûlé, un magasin d'artillerie de même, dont la perte est estimée trente mille florins d'Allemagne, les églises percées, les tours abattues, les greniers enfoncés dans les caves, pas un seul endroit pour se mettre à couvert de la pluie, leur garnison qui était de quatre mille hommes réduite à moitié, une infinité de bourgeois ensevelis dans les ruines de leurs maisons, enfin un coup d'œil affreux.

Je vous prie d'assurer mon père et ma mère de mes respects et de me croire en même temps avec bien de la considération, Monsieur, votre très humble et très obéissant serviteur.

Signé : Devillers.

. . . .

Je fais suivre ces lettres de la situation respective des deux armées, française et impériale, figurée par deux tableaux que le chirurgien-major Devillers fit tenir à Bertin du Rocheret.

On en trouvera le développement d'autre part.

Il serait difficile d'avoir, je crois, un historique plus détaillé de ce siège fameux; les relations officielles qui émanaient de la cour n'avaient jamais ni ce pittoresque ni cette sincérité, ni non plus n'entraient pareillement dans les moindres faits, qui ont cependant leur valeur puisqu'ils permettent de ne négliger aucun côté de l'histoire. C'est même ce qui la rend encore plus intéressante et plus saisissante :

Armée de France devant Philisbourg investi.

MM.

Le maréchal duc DE BERWICK, command^t l'armée d'observation, tué.

Le marquis D'ASFELD, commandant au siège, maréchal.

Le marquis DE DREUX,
Le marquis DE NANGIS, } lieutenants-généraux.
Le prince de ROBECK,

DE LAVAL,
FERLAYE,
D'AUBIGNÉ,
D'AMBOISE,
DE BALINCOURT, } maréchaux de camp.
Le comte DE BANIERRE,
Le baron D'ELTZ,
D'HÉROUVILLE,
DAVEJEAN,

14 bataillons qui ont investi :		*17 bataillons qui sont au siège :*	
Normandie	3	Navarre	3
Pons	2	Gondrin	2
Les Vaisseaux	3	Bretagne	1
Bourgogne	1	Artois	1
Nice	1	Rouergue	1
Le Marck	1	Royal-Marine	1
Hainault	1	Mortemar	1
Bloclez	1	Toulouze	2
Routh	1	Bigorre	1
	14	Conty	2
		Enguien	2
			17

ORDRE DE BATAILLE

Première ligne :

Le prince EUGÈNE, *général*.

L'aile gauche :	L'aile droite :
Lieutenants-généraux : Le comte D'HARRACH.	{ Le prince Frédéric DE WURTEMBERG. { Le duc DE WURTEMBERG.

Général d'artillerie :   Le prince D'AREMBERG.

Maréchaux de camp :   Le baron SEHR-PHULL, SCHMATAW, FURTEMBERG, prince DE HESSE, EZKOZOLLERN.

Majors-généraux :   BASTIANI, WALLID, STREITHORST, O'NEILLY.

Escadrons, 19 :		Infanterie :			
Savoye-Dragons	6	Vieux-Wurtemberg..	1	Jeune-Savoye	6
Gardes	1	Rumpf	1	Lantieri	6
Caraffe	6	Vieux-Goths	2	Philippi	6
Lobkowitz	6	Haller	2	Cavalerie.	18
		Wurtemberg-Cercle..	2		
		Dourlach-Cercle	1		
		Guillaume-Gotha	1		
		Walseek	3		
		Marouilly	1		
		Bataillons.	14		

Seconde ligne :

Le duc DE BRUNSWICK-BEVERN, *lieutenant-général commandant.*

Général d'artillerie :   Le baron DE BESSEWITZ.

Maréchaux de camp :   PHILIPPI, le comte DE LA LIPPE, CARON-MUFLING, le comte DE WASQUES.

Majors-généraux :   Prince DE SAVOYE, prince DE DOURLADK, MURGRAVE DE BOTTA, baron D'EPSFESSER, KORUN.

Escadrons, 11 :		Infanterie :		
Rewonhuller, dragons.	6	Maxim de Hesse	3	Barrith 5
Ribra, dragons	5	Wolfembutel	2	Wurtemberg-Dragons 6
		Roat	1	Escadrons. 11
		Furstemberg	2	
		Bassewitz	2	Total de l'armée impériale du Rhin
		Mulling	1	(1734)
		Bataillons,	11	Escadrons......... 59
				Bataillons......... 25

Siège de Philisbourg (1734).

MM.
Le maréchal duc DE BERWICK, général de France, tué le 12 juin.
DE WUTGENAU, commandant de la Place.
Le marquis D'ASFELD, puis maréchal, l'investit le 23 mai.
Le maréchal duc DE NOAILLES, général d'observation.

JOURNAL DU SIÈGE	LISTE DES TUÉS

MM.

1er juin. Le comte DE BELL'ISLE, lieut-général, ouvre la tranchée devant le fort du Pont, avec les Suisses et le marquis DE GASSION,		4 tués.
2 juin. Le comte DE LAVAL-MONTMORENCY s'en rend maître,		8 tués.
3 juin. D'ASFELD, lieut-gén¹, ouvre la tranchée, Le marq⁵ DE GASSION, maréch¹ de camp,	Gardes-Françaises.	
4 juin. Le duc DE NOAILLES, lieutenant-général, Le comte DE LAVAL-MONTMORENCY, DE MAUVILLE,	Piémont. Auroy. Hainault.	
5 juin. Le prince DE TINGRY, Le comte D'AUBIGNÉ, DE VARENNES,	Navarre. Alsace.	
6 juin. Le marquis DE GUERCHY, Le marquis DE BALINCOURT, Le chevalier DE MARCIENT,	Normandie. Xaintonges.	3 tués.
7 juin. Le marquis DE DREUX, Le duc DE BÉTHUNE, ESHAGNUSSY,	Royal-Vaisseaux. Bourbonnois. Languedoc. Angoumois.	3 tués.
8 juin. Le duc DE CHAULNES, Le marquis DE LA FARRE, M. DE CHENELETTE,	Richelieu. La Couronne. Duras. Bigorre. Clarc.	

Date	Noms	Régiments	Tués
9 juin.	Le marquis DE NANGIS, Le comte DE SAXE, OBRIEN,	Tallard. Bretagne. Provence. Brie. Dillon. Anguien.	
10 juin.	Le prince D'ISENGHIEN, lieut.-général, Le marq DE CLERMONT, maréch¹ de camp, D'ARROS, brigadier.	Pons. Perche. Mortemart. Soissonnais. Leneck. Santerre.	2 tués.
11 juin.	Le duc DE DURAS, blessé près du maréchal tué. Le chevalier DE ROCOSEL, Le comte DE BÉRENGER,	Royal. Artois. Nice. Beauce. Conty.	11 tués.
12 juin.	Le prince DE ROBECQ, le maréchal BERWICK, tué. Le comte DE MONTBOISIER, Le marquis D'HARBONVILLE,	Lyonnais. Rouergue. La Marck. Vivarais. Agenois.	18 tués.
13 juin.	Le prince DE CARIGNAN, Le baron D'ELTZ, Le comte DE ROUCY,	Gondrin. Bourgogne. Toulouse. Ponthieu. Berwick.	41 tués.
14 juin.	Le marquis DE LEUVILLE, DE TESLAYE, Le chevalier DE SAINT-VALLIER,	Tourraine. Royal-La Marine. Guyenne. La Vallière. Bulckley. 1 Royal-Bavière.	
15 juin.	Le comte DE BELL'ISLE, Le comte DE POLASTRON, DE PRINCE,	Noailles. Vermandois. Lorraine. Montmorency. Les Landes. 2 Royal-Bavière.	49 tués.

Date	Noms	Régiments	Tués
16 juin.	Le marquis DE FLAVACOURT, D'HÉROUVILLE, DE LA RAVOYE,	Limousin. Boulonais. Hainault. Saxe. Rooth.	11 tués.
17 juin.	DE VERNASSAL, Le comte MIDDELBOURG, DE CHAUMONT,	Gardes-Françaises. Les Vaisseaux.	15 tués.
	DE LA BILLARDERIE, Le marquis DE CASTELMORON,	Piémont. Saxe.	18 tués.
18 juin.	Le duc DE CHATILLON,	La Couronne.	
19 juin.	Le prince DE TINGRY, DE CHÉRIZEY, Le duc DE RICHELIEU,	Navarre. Noailles. Saintonge. Languedoc.	14 tués.
20 juin.	Le marquis DE GUERCHON, Le marquis DE CREIL, Le comte D'ÉCLIMONT,	Normandie. Duras. Bigorre. Limousin.	8 tués.
21 juin.	Le marquis DE DREUX, Le chevalier D'AUCHES, Le marquis DU CHATELET,	La Marine. Provence. Clarc. Bretagne. Brie.	38 tués.
22 juin.	Le duc DE CHAULNES, Milord BULCKLEY, Le marquis D'O,	Bourbonnais. Perche. Mortemart. Soissonnais. Dillon. Berwick.	47 tués.
23 juin.	Le maréchal D'ASFELD en personne, et les officiers généraux, Le marquis DE NANGIS, Le marquis DE BEAUFFREMONT, Le comte DE RIEUX,	Beauce. Richelieu. Conty. Nice.	75 tués.
24 juin.	Le prince D'ISENGHIEN, Le marquis DE CLERMONT-GALLERANDE, Le prince DE PONS,	Tallard. Ausoy. La Marck. Vivarais. Lenck,	3 tués.

25 juin.	Le prince DE ROBECQ, DE LA JAVELLIÈRE, Le marquis DE BRÉZÉ,	Pons. Alsace. Toulouse.	
26 juin.	Le prince DE CARIGNAN, Le comte DE GRAMMONT, Le duc DE LUXEMBOURG,	Royal. Guyenne. Agenois. Enguyen. Rouergue. Ponthieu.	16 tués.
27 juin.	Le marquis DE LEUVILLE, Le comte D'AVEGEAN, Milord CLARC,	Lyonnais. Lorraine. Santerre. 1 Royal-Bavière. Bourgogne. Vaujours.	
28 juin.	Le comte DE BELL'ISLE, Le comte DE BAVIERRE, DE SALLIÈRES,	Gondrin. Boulonnais. Les Landes. Royal-La Marine. Montmorency.	39 tués.
29 juin.	DE VERNASSAL, Le comte DE CLERMONT, DE SAILLY,	Touraine. Angoumois. Rooth.	25 tués.
30 juin.	DE LA BILLARDIÈRE, Le prince DE CONTY, DE VARENNES,	2 Royal-Bavière. Ausoy. Bigorre. Gardes-Françaises.	144 tués.
1er juillet.	Le prince DE TINQUY, Le prince DE DOMBES, DE LOUBOYE,	1 Piémont. 1 Vaisseaux. Enghien. 1 Bavière.	
2 juillet.	Le marquis DE GUERCHY, Le comte D'EU,	1 Navarre. 1 La Couronne. Mortemart. Beauce.	
3 juillet.	Le marquis DE DREUX, Le comte DE GASSION, DE VARENNES,	1 Normandie. Lenck. Vaujours. Dillons.	10 tués.

4 juillet. Le duc DE CHAULNES, Le comte DE LAVAL-MONTMORENCY, DE MAUVILLE,	1 La Marine. Clarc. Buckeley. Montmorency.	5 tués.
5 juillet. Le marquis DE NANGIS, Le comte D'AUBIGNÉ, OSHAGNUSSI,	1 Bourbonnais. Santerre. Ponthieu. Les Landes.	2 tués.
6 juillet. Le prince D'ISENGHIEN, Le marquis DE BALINCOURT, DE CHENELETTE,	1 Richelieu. Vivarais. Beauce. 1 Conty.	10 tués.
7 juillet. Le prince DE ROBECQ, Le duc DE BÉTHUNE, Le marquis DE BRUN,	1 Tallard. Soissonnais. Brie. 1 Conty.	
8 juillet. Le marquis DE LEUVILLE, Le marquis DE LA FARRE, D'ARROS,	1 Royal. Boulonnais. Saintonge. Angoumois.	
9 juillet. Le comte DE BELL'ISLE, Le marquis de CLERMONT-TONNERRE, Le comte DE BÉRENGER,	1 Lyonnais. Guyenne. Lorraine. Bigorre.	26 tués.
10 juillet. Le marquis DE FLAVACOURT, Le chevalier DE ROCOSEL, Le comte DE ROUCY,	1 Piémont. Mortemart. 2 Noailles. 1 La Marck.	8 tués.
11 juillet. DE VERNASSAL, Le comte DE MONTBOISSIER, Le chevalier DE SAINT-VALLIER,	1 Piémont. Bourgogne. Bretagne. Saxe.	9 tués
12 juillet. Le prince DE TINGRY, Le baron D'ELTZ, DE PRINCÉ,	1 Alsace. 1 La Marck. 22 Piquets.	
13 juillet. Le duc DE CHAULNES, DE TESLAYE, DE LA RAVOYE,	1 Alsace. 1 Saxe. 22 Piquets.	6 tués.

14 juillet. Le marquis DE RAVIGNAN, Le comte DE POLASTRON,	A cause de l'inondation.	45 tués.
15 juillet. Le prince D'ISENGHIEN, Le comte DE MIDDELBOURG, Le duc DE RICHELIEU,	La Marine. Alsace.	32 tués.
16 juillet. Le prince DE ROBECQ, Le marquis DE CASTELMORON, Le comte D'ESCLIMONT,	Perche. Ausoy.	30 tués.

17 juillet. Le baron DE WUTGINAW demande à capituler.

18 juillet. La capitulation fut signée.

Bertin du Rocheret à tout ceci ajoute : C'est un des plus mémorables sièges qui se soient faits par les inconvénients du débordement et des nuées de mouches qui ne donnaient repos ni jour ni nuit. Cependant les soldats français ont tout surmonté. Voici quelques particularités qui ne sont pas dans la relation (il veut parler de la relation officielle) :

Le prince Eugène, général de l'armée impériale, vient assiéger nos lignes ; mais n'osant les attaquer, les soldats français voulaient en sortir, pour l'aller attaquer lui-même.

Le maréchal d'Asfeld, ayant fait venir huit bataillons de milices pour se remparer contre l'inondation, ce travail fut achevé, après quoi on laissa cette milice comme inutile ; mais elle fit une députation au maréchal pour le prier de l'employer comme les autres soldats du roi, sinon qu'ils seraient obligés de déserter, pour aller chercher de l'honneur ailleurs.

Le maréchal ayant besoin de deux cents hommes de bonne volonté pour aller recharger nos ponts qui étaient inondés, leur promit un écu par tête ; mais il n'en trouva pas douze qui se présentèrent. De quoi se sentant piqué, il s'en plaignit à la tête de la tranchée ;

mais il lui fut répondu qu'on voulait y aller pour la gloire et non pour l'argent.

Le baron de Wutginan eut pour récompense de l'empereur le régiment de Ligneville infanterie. Le maréchal d'Asfeld lui donna à choisir la plus belle pièce de canon qui se trouverait dans Philisbourg, il le traita à dîner, et M. le comte de Clermont, prince du sang, lui fit le même honneur. Il fut content de tous ceux qu'on lui rendit; mais il dit au maréchal que ce n'était pas sa faute s'il les avait acceptés, parce qu'il voulait courir le risque de l'assaut, et sur ce que le maréchal lui fit voir l'impossibilité de le soutenir, il lui répondit : « Mon père a été pendu pour avoir mal défendu Philisbourg contre le grand Dauphin, et moi je voulais l'être pour l'avoir trop bien défendu. »

Je termine avec cet *addenda* (1) qui, j'en suis convaincu, accompagnera bien l'intérêt qui s'attache aux lettres qui précèdent.

Ce sont, en un mot, toutes pages intimes d'histoire que je suis heureux d'avoir mises au jour. Il a cependant été déjà beaucoup dit sur le xviiie siècle; on le voit, la mine est loin d'être épuisée.

(1) *Bibliothèque d'Épernay, Recueil de Berlin du Rocheret*, tome XXXIII (1734).

Reims, Imp. de l'Académie (Nestor MONCE, dir.), rue Pluche, 24. (03318)

DU MÊME AUTEUR

DERNIÈRES PUBLICATIONS

Un coin du XVIIᵉ siècle littéraire, artistique et mondain. (Illustré.)

Le Vin de Champagne sous Louis XIV et sous Louis XV. (Illustré.)

Le chevalier de La Touche, peintre et dessinateur châlonnais. (Illustré.)

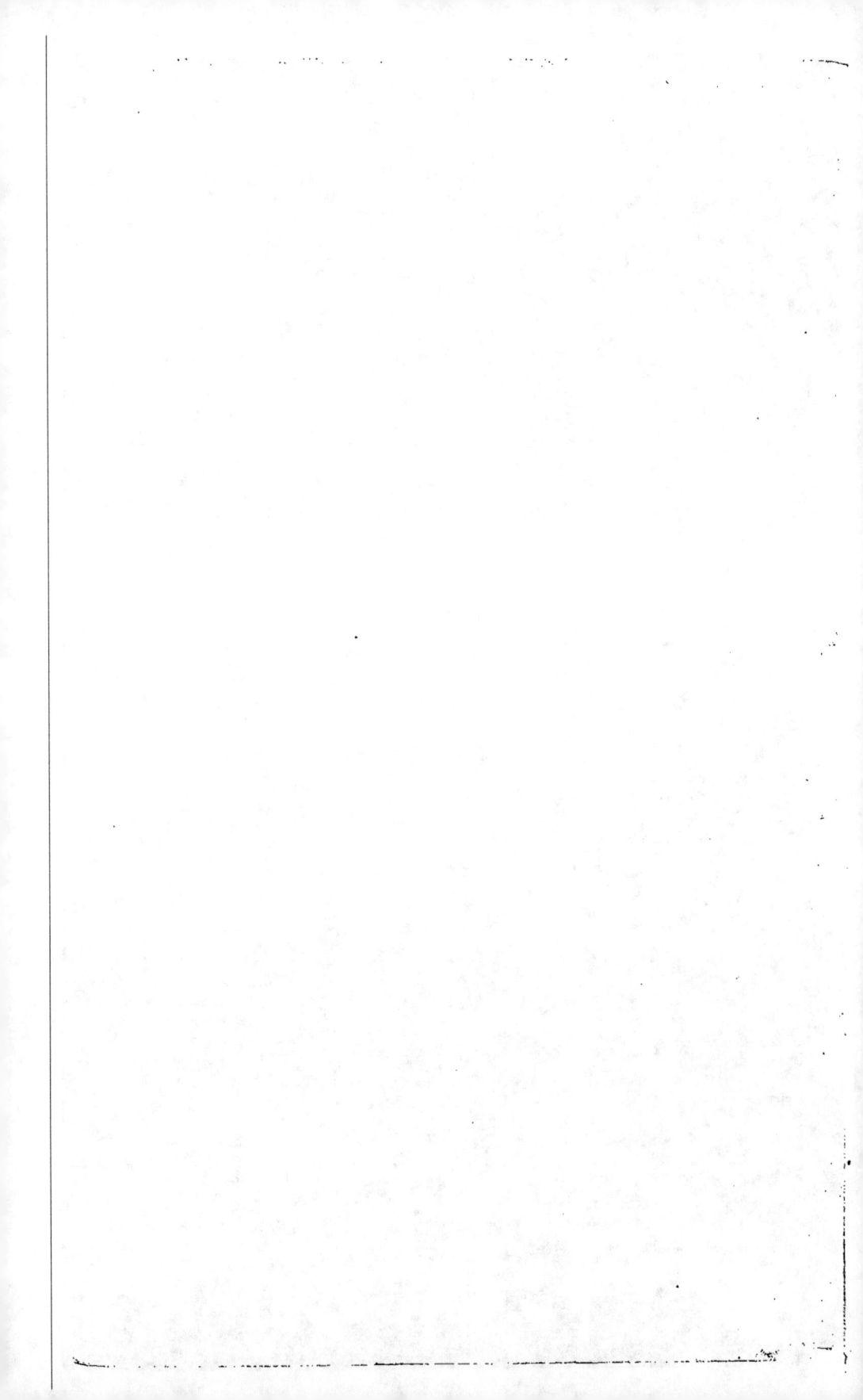